Cartoons für Sekretärinnen

Karl-Heinz Brecheis

CARTOONS FÜR **SEKRETÄRINNEN**

LAPPAN

DER AUTOR

Karl-Heinz Brecheis
1951 in Simbach/Inn geboren, studierte von 1972 bis 1982 in München zunächst Kunsterziehung für das Lehramt, danach Grafik-Design.
Nach kurzer, unbefriedigender freiberuflicher Tätigkeit als Werbegrafiker entschloß er sich, den abenteuerlichen Weg eines Cartoonisten einzuschlagen.
Daß dieser Entschluß richtig war, zeigt sich in seinen zahlreichen Buchbeteiligungen und der Mitarbeit bei verschiedenen Fachmagazinen und Illustrierten.
Bei Lappan sind die Titel *„Viel Spaß mit dem Mountainbike"*, *„Viel Spaß mit dem Snowboard"* und *„Viel Spaß auf dem Oktoberfest"* erschienen.
In der Reihe *„Lappans Cartoon-Geschenke"* ist Karl-Heinz Brecheis neben *„Cartoons für Sekretärinnen"* mit den Bänden *„Cartoons für Autofans"*, *„Cartoons für Manager"*, *„Cartoons für Pferdefans"* und *„Cartoons zur Silberhochzeit"* vertreten.

© 1999 Lappan Verlag GmbH, Postfach 3407, 26024 Oldenburg
Konzept und Gestaltung: Dieter Schwalm
Reproduktionen: litho niemann + m. steggemann gmbh, Oldenburg
Gesamtherstellung: New Interlitho S.P.A., Printed in Italy.
ISBN 3-89082-827-2

»Mein Chefposten müßte neu besetzt werden. Der Aufsichtsrat dachte da an Sie – Sie kennen doch den Laden hier am besten!«

»Wir müssen zukünftig auf diese Art von Dienstreisen verzichten, ich kann dich nämlich nicht mehr von der Steuer absetzen!«

»Ich sollte sie dir doch einmal vorstellen – ein wahres Wunder an Organisationstalent, meine neue Sekretärin!«

»Sie soll ja einen mächtigen Einfluß auf unseren Chef ausüben!«

»Gehen Sie bitte vorsichtig damit um, da ist der Chef drin!«

»Wenn wir nur in allen unseren Firmenbereichen so expandiert hätten wie sie das in den letzten Jahren uns vor Augen führten – wir stünden besser da!«

»Warum ich Ihre Unterschrift einübe? Ich dachte, damit könnte ich Ihnen viel Kleinkram vom Halse halten!«

»Allein ihre Art zu telefonieren ist schon ein Genuß!«

»Gehen wir noch einmal die 10 von mir entwickelten Verhaltensregeln durch, ehe Sie mit Herrn Direktor sprechen!«

»Jetzt reicht's, Frau Schubeck! Ihr Gesundheitsball kommt mir sofort aus dem Haus!«

»Meine Herren, darf ich Sie in diesem Zusammenhang daran erinnern, daß unser Cashflow um weitere 15%-Punkte...«

»Sie wurden uns als eine Spitzenkraft beschrieben, was begründet denn Ihren Ruf?«

»Wird später werden, Günter, muß den Chef noch in das neue Words-Programm einarbeiten!«

»Ich kann sie nicht entlassen, sie ist die einzige, die sich hier noch zurecht findet!«

»Freut mich, daß Sie meiner Einladung gefolgt sind, endlich lerne ich mal die rechte Hand meines Mannes kennen!«

»Ich sag's zum letztenmal: hier wird nicht geraucht!«

»Aber Mutter, du kannst doch hier nicht dauernd rumsitzen und mir bei der Arbeit zusehen wollen!«

»Ein kleines Dankeschön für Ihre Mithilfe bei meinem beruflichen Aufstieg: Bin soeben zum Abteilungsleiter befördert worden.«

»Ich wünsche es nicht, daß Sie Ihre Mobbing-Kurse während der normalen Arbeitszeit abhalten!«

»Die Attraktivität deiner neuen Sekretärin hat sich aber schnell rumgesprochen!«

»Ich habe hier eine Rechnung für eine Sonderanfertigung eines Schreibtisches – wissen Sie was davon?«

Ich suche die Unterlagen der Firma Koch!
So ein Zufall, ich auch, Herr Direktor, ich auch!
Brechein

»Sie entsprach bei unserer Stellenausschreibung als einzige dem Anforderungsprofil!«

»So geht das nicht, Fräulein Seidl! Seit Ihrem letzten Italien-Urlaub lungern diese Typen hier rum!«

»Moment, der Direktor verläßt soeben das Haus! Ich gebe dem Pförtner Bescheid, vielleicht kann der ihn noch abfangen!«

»Sie sind also der erwartete Kunde, der bei Herrn Direktor eine Beschwerde vorbringen möchte!«

»Eins sollten Sie wissen, auf modisches Outfit legen wir hier keinen Wert!«

»Mein neuer Chef? Ooooh, eigentlich ganz niedlich, den knet' ich mir schon zurecht!«

Wie sieht denn das aus, wenn Sie hier alle Ihre ehemaligen Liebhaber rumstapeln!
Was heißt denn hier Liebhaber? Das sind alles ehemalige Chefs, die ich überlebt habe!

»Ich habe Ihren Geburtstag nicht vergessen!«

Virtuell Reality und neuartige Cyber-Space-Technologien prägen das Büro von morgen. Das Bild zeigt solch eine typische Büroszene der Zukunft: Chef beim Diktieren eines Mahnbriefes mit anschließendem gemeinsamen virtuellen Kantine-Essen.

»...wird ab heute Fräulein Hofstätter als meine Chefsekretärin tätig werden, die Börse hat auch schon mit Kurssteigerungen reagiert!«

»Jetzt beruhigen Sie sich doch, Herr Direktor! Ich sprech' noch mal mit dem Aufsichtsrat, vielleicht macht er ja Ihre Entlassung rückgängig!«

»Kompliment, Fräulein Hoffmann, Sie verstehen es, farbige Akzente in unseren grauen Büroalltag zu setzen!«

»Herr Direktor, wir haben die Steuerfahndung im Haus! Lange kann ich die mit meinen Sekretärinnen-Witzen aber nicht mehr hinhalten!«

»So geht das nicht! Ihr Stuhl ist um ganze 20 Zentimeter höher als mein Chefsessel!«

»Und das hier soll mal Ihre Wirkungs- und meine Zufluchtsstätte werden!«

»Und diese totale Abhängigkeit von Ihrer Sekretärin beruht also ausschließlich auf deren fachlicher Kompetenz?«

»Nehmen Sie schon mal Platz, Herr Direktor, gleich habe ich Zeit für Sie!«

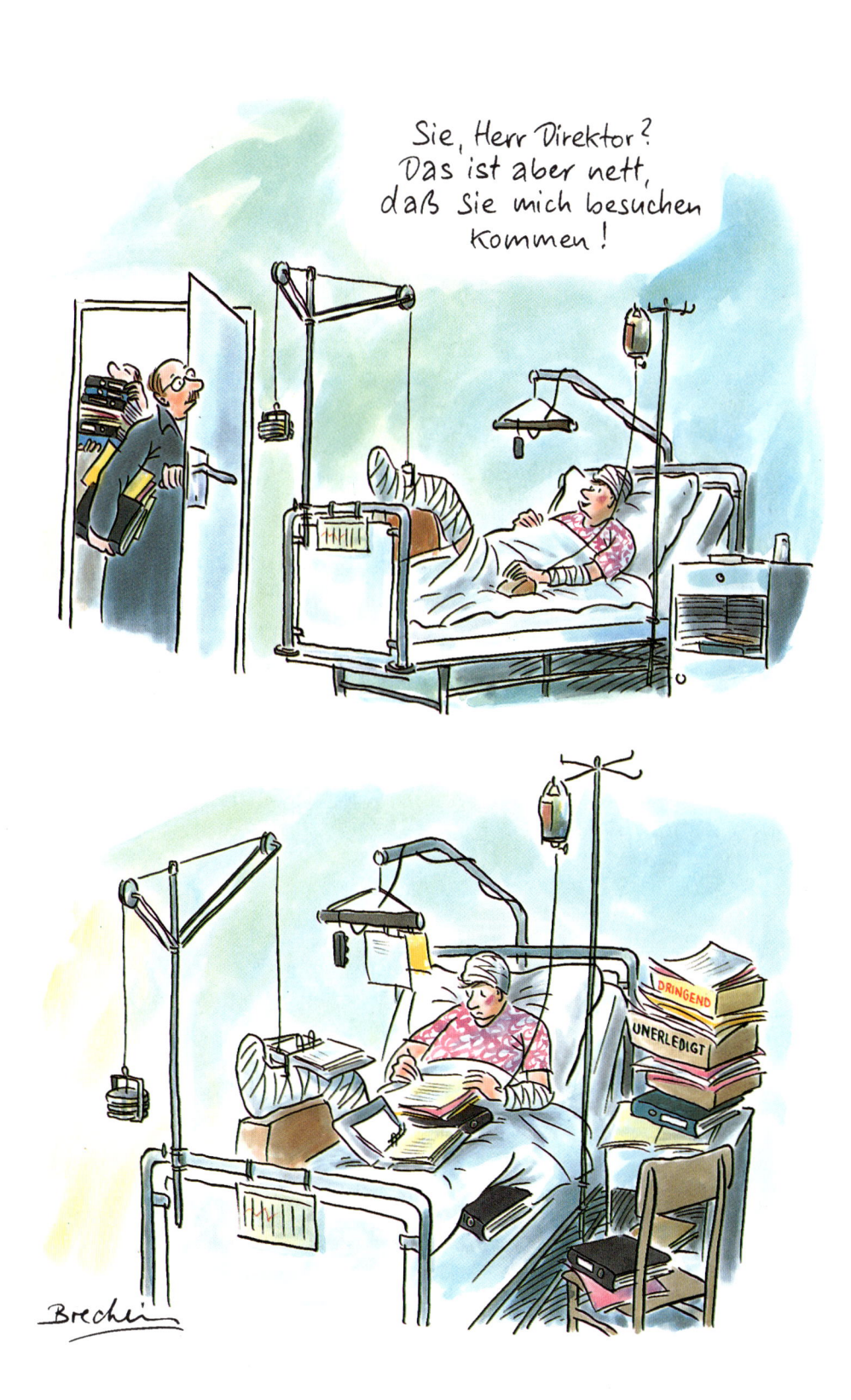

Sie, Herr Direktor? Das ist aber nett, daß Sie mich besuchen kommen!

Lappans Cartoon-Geschenke

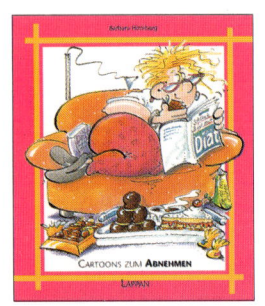

Barbara Hömberg
Cartoons zum Abnehmen

Til Mette
Cartoons fürs Büro

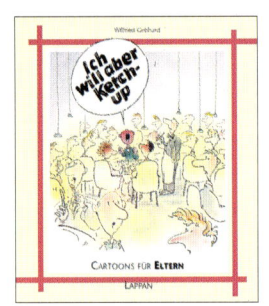

Wilfried Gebhard
Cartoons für Eltern

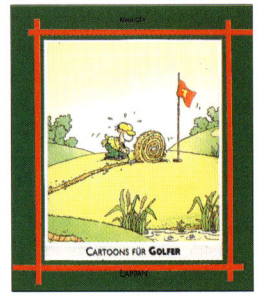

Oliv
Cartoons für Golfer

Detlef Kersten
Cartoons für Großeltern

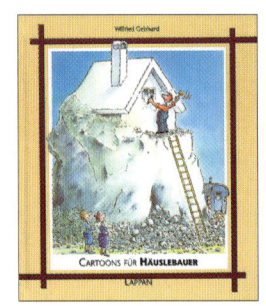

Wilfried Gebhard
Cartoons für Häuslebauer

Diverse
Cartoons zur Hochzeit

Peter Butschkow
Cartoons für Hundefans

Diverse
Cartoons für Krankenschwestern

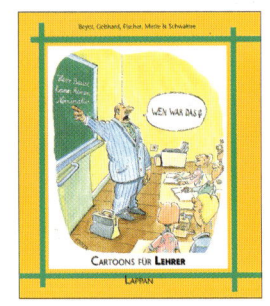

Diverse
Cartoons für Lehrer

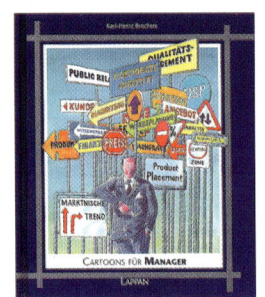

Karl-Heinz Brecheis
Cartoons für Manager

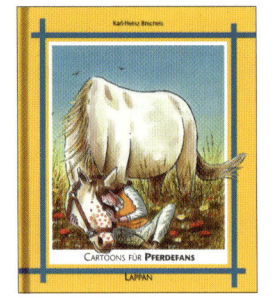

Karl-Heinz Brecheis
Cartoons für Pferdefans

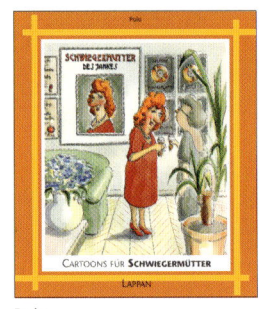

Polo
Cartoons für Schwiegermütter

weitere Titel aus der Reihe

Lappans Cartoon-Geschenke

Cartoons für Ärzte
Cartoons für Autofans
Cartoons für Banker
Cartoons für Computerfreaks
Cartoons für Feinschmecker
Cartoons für Fußballfans
Das Cartoon-Gästebuch
Cartoons für Geburtstagskinder
Cartoons für Glückspilze
Cartoons für Hobbygärtner
Cartoons für Juristen
Cartoons für Katzenfans
Cartoons für Männer
Cartoons für Motorradfans
Cartoons für Mütter
Cartoons für Psychologen ...
Cartoons für (Ex-) Raucher
Schöne Bescherung
Cartoons zur Schwangerschaft
Cartoons für Segler
Cartoons für Sekretärinnen
Cartoons zur Silberhochzeit
Cartoons für Singles
Cartoons für Sozialarbeiter
Cartoons für Sportler
Cartoons für Starverkäufer
Cartoons für Studenten
Cartoons für Surfer
Cartoons für Theologen
Cartoons für Väter
Cartoons für Verliebte
Cartoons für Zahnärzte

Wir senden Ihnen gern unser Gesamtverzeichnis: Lappan Verlag GmbH · Postfach 3407 · 26024 Oldenburg